복음의 재발견

박승호 지음

한국장로교출판사

지은이

박승호

- 장신대, 장신대 신대원, 장신대 대학원(목회상담학)
- Fuller Theological Seminary(D. Min)
- 국제목회자성경연구원(GMBI, 1990년 창립) 원장
- 이화여대 평생교육원 강사, 목사횃불회, 사모횃불회 강사
- 모스크바 장신대 객원교수
- 총회(대한예수교장로회 통합) 말씀학교 강사
- 생명샘교회 담임목사

| 목회자성경연구원 지회 현황 |

국내 지회 – 45지회

호남 목성연(11지회), 서울 목성연(17지회), 영남 목성연(7지회), 중부 목성연(10지회)

해외 지회 – 72개국, 150여 지회

북아메리카, 남아메리카, 유럽, 아시아, 아프리카, 오세아니아

| 저서 |

· 설교집

「하나님의 구원경영 : 출애굽기」(한국장로교출판사)
「일상의 구별됨으로 거룩을 훈련하라 : 레위기」(한국장로교출판사)

· 성경연구 교재

「하나님의 구원경영 : 출애굽기, 인도자용/학습자용」(한국장로교출판사)
God's Divine Management of Salvation(한국장로교출판사)
「복음의 재발견」(한국장로교출판사)
「우리가 섬겨야 할 하나님 나라의 복음 : 마태복음」(한국장로교출판사)
「레위기 스피릿으로 하나님을 예배하라 : 레위기」(한국장로교출판사)
Worship God in the Spirit of Leviticus(한국장로교출판사)
「그리스도의 몸, 영광스러운 교회 : 에베소서」(한국장로교출판사)
「복음원리 12강, 인도자용/학습자용」(썬십앤킹십)
「하나님 나라의 복음, 마태복음 강해」(그리심)
「우리가 섬겨야 할 하나님 나라의 복음, 마태복음 핸드북」(그리심)
「영원한 생명, 부요한 생명 : 요한일이삼서」(그리심)
「구약, 성막에 나타난 복음, 예수 그리스도」(그리심)
그 외 (구약) 여호수아, 창세기 1, 2, 민수기, 열왕기상하, 사무엘상하, 신명기
(신약) 누가복음, 사도행전, 사도행전 묵상집, 골로새서, 로마서, 디모데전후서

· 치유 외 다수

「하브루타–마 아타 호쉐브?」(하브루타로 다음세대를 깨워라!)(그리심)
「어린아이의 일을 버렸노라 : 내적치유」(그리심)
「당신의 언어로 세상을 정복하라 : 공감소통대화법」(그리심)
「그리스도인의 사고전환훈련 : 성경적 인지치유」(그리심)

복음의 재발견

초판발행 2010년 11월 22일
6쇄발행 2018년 6월 20일
지 은 이 박승호
펴 낸 이 채형욱
펴 낸 곳 한국장로교출판사
주 소 03129 / 서울 종로구 대학로 19, 409호(연지동, 한국기독교회관)
전 화 (02) 741–4381 / 팩스 (02) 741–7886
영 업 국 (031) 944–4340 / 팩스 (02) 944–2623
등 록 No. 1–84(1951. 8. 3.)

ISBN 978–89–398–0665–8 / Printed in Korea
값 4,000원

편 집 장 정현선
교정·교열 원지현 **본문편집** 김보경 **업무부장** 박호애 **영업부장** 박창원

여는 글

'복음' 이란 기쁜 소식입니다. 인류 최대의 희망의 소식입니다. 아담이 잃어버렸던 하나님 나라를 예수님을 통해 다시 회복하게 되었다는 놀라운 소식입니다.

타락 이후 모든 사람의 삶을 족쇄 채웠던 수많은 인생의 문제들이 예수님을 통해서 풀리기 시작했습니다. 예수님이 가시는 곳마다 앉은뱅이가 일어나고 나병환자가 나음을 받고, 가난한 사람들에게 먹을 것이 주어지고, 죽은 자가 살아나는 신기한 이야기들이 소문에 소문을 이었습니다. 이것은 그가 메시야임을 증명하는 증거(마 11 : 3－5)였고, 희망을 잃어버렸던 사람들에게 하늘을 향해 그들의 시선을 집중케 하는 천지개벽의 사건들이었습니다.

인간의 도덕적 능력으로 도달할 수 없었던 의의 세계가 오직 은혜로, 오직 믿음으로 가능하다는 놀라운 진리를 종교개혁자들이 찾아내고 이를 이신칭의(以信稱義)의 복음이라고 명명했습니다. 죄인인 인간이 선한 행위로 구원을 받는 것이 아니라 '오직 하나님의 은혜와 믿음으로 구원을 받는다' 라는 진리가 15세기가 지난 이후에야 빛을 보게 되었습니다. 그러나 그럼에도 불구하고 '하나님 나라' 는 여전히 감추어져 있었습니다.

20세기에 들어와 성서신학자들은 '하나님 나라' 가 죽은 다음이 아닌 '예수님을 믿고 구원받은 순간부터 우리가 누릴 수 있는 하나님의 통치영역' 이라는 진리를 찾아냈습니다. 그래서 어떤 이들은 이를 제2의 종교개혁이라고도 표현합니다.

예수님은 사역을 시작하실 때 천국이 오고 있다고(마 4 : 17) 말씀하셨고, 바리새인들과 바알세불 논쟁 시에는 그 나라가 '이미' 임하였다고(마 12 : 28, 눅 11 : 20) 말씀하셨습니다. 그러나 그 나라는 아직 완성된 것은 아닙니다(마 8 : 11, 20 : 21). 그래서 하나님 나라를 이야기할 때는 "Already, but not yet"(이미 시작되었으나, 아직 완성되지는 않았다.)라는 표현을 씁니다.

'구원, 그 이후' 이 땅 위에서 하나님 나라를 누리고, 건설하고 사는 새로운 삶을 우리는 '복음의 재발견' 이라고 표현해 봅니다. 이 책을 통하여 우리는 함께 '구원, 그 이후' 의 삶을 어떻게 살아야 하는지를 애써서 찾아보기를 원합니다. 모세를 통하여 이끄신 출애굽 여정을 추적하면서 하나님이 보여 주신 구원의 목적이 무엇인지를 보겠습니다. 하나님은 모세를 바로 앞에서 신이 되게 하셨습니다(출 7 : 1). 우리도 이 시대를 살면서 세상 사람들에게 하나님의 모습을 보여 주는 하나님의 형상, 하나님의 대행자로서의 위치를 회복해야 합니다.

하나님은 모세를 통하여 신음 중에 있는 이스라엘을 찾아가셨습니다. 오늘도 하나님은 우리를 통하여 잃어버린 하나님의 백성들을 찾아가기를 원하십니다.

"세례 요한의 때부터 지금까지 천국은 침노를 당하나니 침노하는 자는 빼앗느니라"(마 11 : 12). 이 말씀을 공부하는 모든 이들이 천국을 침노하고, 빼앗겼던 나라를 다시 되찾기를 원합니다.

"내게 주신 영광을 내가 그들에게 주었사오니……"(요 17 : 22).

주님, 우리에게도 그 거룩한 영광을 주옵소서.

아버지의 나라가 우리로 인하여 이 땅에 하루 속히 건설되게 하소서. 아멘.

일러두기

예수님을 믿고 구원을 얻는 것은 영적인 신앙생활의 시작입니다. 그런데 대다수의 그리스도인들은 그것을 결론으로 생각합니다.

'구원, 그 이후'의 삶은 무엇입니까? 그것은 우리의 신앙생활의 방향이며, 목적이고, 미션입니다. 본 교재는 성경 속에 흐르는 구속사의 방향과 목적을 성경적 근거를 가지고 찾아갈 것입니다.

따라서 본 교재는 거듭난 그리스도인들 모두에게 필요합니다. 개인이든 그룹이든 이 책을 통하여 영적인 로드맵을 찾게 될 것입니다. 보다 효과적인 학습을 위해 몇 가지 안내를 먼저 드립니다.

첫째, 공부를 시작하기 전 찬양과 기도로 영적인 분위기를 만들어 성령께서 소그룹의 상황을 인도하시도록 마음을 집중시키십시오.

둘째, 1장의 "믿음의 기초 다지기"는 복음이 무엇인지 그 기초를 설명하고 있습니다. 아직 구원의 확신이 없는 사람은 이를 통하여 자신의 구원 여부를 확인하실 수 있기를 바랍니다.

셋째, 기독교 세계관의 틀로 전개되는 "믿음의 방향" 부분은 일일이 성경구절을 찾아가며, 구속사의 긴 역사 속에서 그 뜻을 끝까지 포기하지 않고 이루어 가시는 하나님의 의지를 찾아낼 수 있어야 합니다.

넷째, "출애굽기를 통한 구원과정 이해하기"에서 이해가 잘 안 되시거나 혹 더욱 깊이 공부하기를 원하신다면 다음 편인 "하나님의 구원 경영"을 통하여 충분히 공부할 수 있습니다.

끝으로 "나의 사명 경영하기"는 가나안의 약속의 땅을 기업으로 얻는 후사가 되기 위한 매일의 경건훈련입니다.

자신의 매일의 삶을 승리의 삶으로 가꾸어 가기를 원한다면 이런 도구들을 통하여 나의 매일을 경영할 수 있어야 합니다.

차례 Contents

1장

믿음의 기초 다지기 (Foundation)

본 장에서는 복음의 재발견을 공부하기 전
그동안 알고 있는 믿음의 내용을 다시 확인해 봄으로써
믿음의 기초를 다져 봅니다.

1. 우리가 믿는 신앙의 기초는 성경말씀입니다. 하나님께서 우리에게 성경을 주신 목적을 무엇이라고 말씀합니까? 무엇이 우리를 구원에 이르게 합니까?(딤후 3 : 15)

○ 당신이 살고 있는 집이나 당신이 소유한 토지가 당신의 것임을 입증할 수 있는 법적인 근거는 무엇입니까?

2. 성경을 공부하는 목적이 무엇입니까? 누구를 증언하고 있습니까?(요 5 : 39)

3. 생명, 영생은 어디에 있습니까? 먼 미래에 얻는 것입니까? 현재 확인할 수 있는 것입니까? 공간의 개념만 있는 것입니까? 인격적인 연합의 개념으로 시작됩니까?(요일 5 : 11－13)

4. 하나님이 사람을 창조하실 때 무슨 목적으로 지으셨습니까?(창 1 : 26－28)

○ 당신의 자녀들은 왜 당신에게 귀한 존재입니까? 자녀들이 어떻게 할 때 당신은 자식을 낳아 키운 보람과 기쁨이 있습니까?

5. 인간이 타락한 이후 어떤 결과가 왔습니까?(창 3 : 8 – 19, 24)

○ 우리가 세상에 태어나 늙고 병들고 죽어야 하는 이 모든 불행이 하나님의 말씀을 순종하지 않고 인간이 자기 마음대로 행동한 것 때문에 왔습니다. 이를 우리는 '타락'이라고 말합니다.

6. 타락이 인간에게 가져온 폐해는 무엇입니까? 죄 문제를 해결하지 못하면 어떤 결과를 얻게 됩니까?(롬 3 : 23, 6 : 23, 히 9 : 27)

7. 타락한 이후 하나님은 인간을 구원할 계획을 가지셨습니다. 사고를 저지른 여자와 뱀에게 무엇을 말씀하셨습니까? 이것이 구속사적으로 어떤 의미가 있습니까? 이 약속은 어떻게 성취되었습니까?(창 3 : 15, 요 3 : 16)

8. 사람이 어떻게 구원받을 수 있습니까?(롬 10 : 9－10, 요 1 : 12)

9. 내가 구원받은 것을 어떻게 알 수 있습니까?(요 3 : 16, 5 : 24, 요일 5 : 11－12)

10. 하나님이 나를 구원하신 목적이 무엇입니까? 내가 구원받았다면 그 이후의 삶은 어떻게 살아야 합니까?(고전 10 : 31－33, 롬 14 : 7－9)

○ 예수님을 믿고 구원받은 것은 영적인 출생입니다. 영생을 산다는 말은 어떤 삶을 의미할까요?

최.고.의. 유.산.

어떤 돈 많은 유대인이 병들어 죽게 되었습니다. 그는 죽음이 가까워진 것을 알고 멀리 공부하러 떠난 그의 사랑하는 아들에게 주는 유서를 그의 종에게 남겼습니다. 그 유서에는 두 가지 조건이 있었습니다.

"첫째, 나는 이 유서를 전달하는 충실한 노예에게 나의 전 재산을 남긴다. 둘째, 내 아들은 유산 가운데 한 가지만 고르게 하라."

이런 유서를 남긴 채 주인은 죽었습니다. 노예는 너무 기뻤습니다. 아들이 돌아올 때까지 노예는 재산을 잘 관리했습니다. 그리고 노예는 유서를 증인인 랍비에게 보였고, 랍비와 함께 죽은 주인의 아들에게 찾아갔습니다. 랍비는 아들에게 말했습니다.

"당신의 아버지가 죽을 때 당신에게 한 가지밖에 남기지 않았고, 나머지는 모두 이 노예에게 준다고 했소. 당신은 아버지의 소유 중에서 무엇을 고를 테요?" 젊은이는 한참 생각하다가 이렇게 대답했습니다.

"나는 이 노예를 상속받겠습니다."

그 아들은 노예를 소유함으로 다시 아버지의 재산을 다 이어받을 수 있었습니다.

우리도 예수 그리스도를 믿음으로 하나님의 자녀가 되어 아버지의 위대한 상속자들이 되었습니다. "종이 아니요 아들이니 아들이면 하나님으로 말미암아 유업을 받을 자니라"(갈 4 : 7)고 했습니다.

"무명한 자 같으나 유명한 자요 죽은 자 같으나 보라 우리가 살아 있고 징계를 받는 자 같으나 죽임을 당하지 아니하고 근심하는 자 같으나 항상 기뻐하고 가난한 자 같으나 많은 사람을 부요하게 하고 아무것도 없는 자 같으나 모든 것을 가진 자로다"(고후 6 : 9-10).

2장

믿음의 방향 (Direction)

본 장에서는 구원받은 성도는 누구이며,
무엇을 위해 살아가야 할 것인지
그 믿음의 방향을 찾아봅시다.

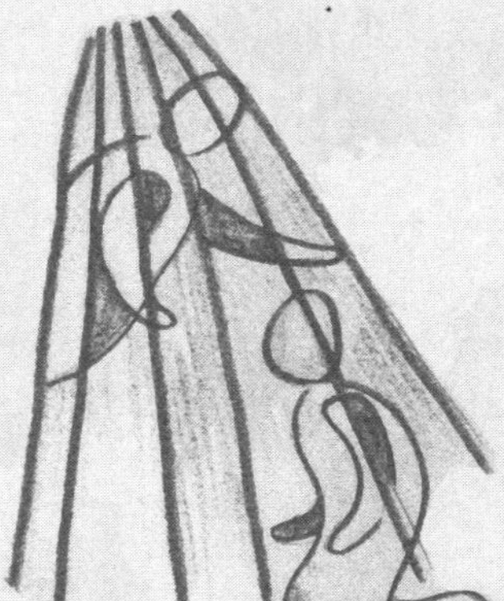

"속도보다는 방향이 중요하다."는 말이 있습니다. 많은 성도들이 구원의 확신은 가졌으나 '구원, 그 이후의 삶'에 대하여 보다 구체적이고 분명한 성경적인 해답을 찾지 못한 채 살아가고 있습니다. 본 장에서는 구원받은 성도는 누구이며, 무엇을 위해 살아가야 할 것인지 그 믿음의 방향(Direction)을 설명해 줍니다.

종교 개혁자들은 '이신칭의'의 복음을 발견하였습니다. 그것은 예수님을 믿음으로써 의롭게 되고, 죽음 이후 천당에 가는 것입니다. 그러나 예수님은 죽음 이후의 천당만을 말씀하지 않으셨습니다.

이 땅 위에 사는 동안에도 하나님 나라(천국)를 누리고 만들어 갈 것을 말씀하셨습니다(눅 17 : 21, 마 11 : 12, 요 10 : 10). 이런 관점에서 우리가 어떻게 살아야 할 것인지 그 방향과 사명을 발견하였기에 이를 '복음의 재발견'이라 부르겠습니다.

네덜란드의 철학자요 신학자였던 도이벨트는 '창조', '타락', '구속'이라는 틀로 역사를 조명했습니다.

기독교 세계관 학자인 알버트 월터스는 Formed(창조 시 만드신 구조), Deformed(타락으로 왜곡된 구조), Reformed(구속으로 변혁시킨 구조)로 설명했습니다. 이를 신학자들은 '개혁주의적 기독교 세계관'이라고 표현합니다. 창조의 목적은 무엇이고, 타락은 무엇이 무너진 것이며, 우리 주님을 통해 주신 구속은 또한 무엇입니까?

기독교 세계관의 틀로 구속사의 흐름을 정리해 봅시다.

창조

1. 하나님이 인간을 어떻게 창조하셨고 인간에게 주신 사명이 무엇입니까?(창 1 : 26－28)

○ 하나님은 "우리의 형상을 따라 우리의 모양대로 우리가 사람을 만들고……." 라고 했습니다. 그것은 삼위일체 하나님의 개념입니다. 혹자는 유대문학의 관용적 표현이다, 혹은 심사숙고형이라고 해석하기도 합니다. 그 의미는 무엇입니까?(엡 1 : 3－14 참고)

○ 하나님의 형상이란 하나님의 DNA, 즉 하나님의 씨(Sonship)를 가졌다는 뜻입니다. 그리고 인간에게 하나님을 대신하여 세상을 다스리라 하셨으니 하나님을 대신한 통치권(Kingship)을 지닌 존재가 사람입니다. 우리는 타락한 세상이라도 절대로 포기해서는 안 됩니다.

○ 이를 신학적으로 문화명령(Cultural mandate)이라 합니다.

"복음은 단지 개인적인 죄와 구원에 대해서만 말하는 메시지가 아니다. 그것은 하나님의 나라 곧 모든 자연과 모든 나라와 모든 인간의 삶에 대한 하나님의 통치와 주권을 선포한다. 예수님은 만물의 주인이시다. 그분의 나라와 가치관은 우리의 정치, 사회, 교육, 연예계, 사업 세계에 파고 들어가야 한다. 우리는 여전히 창조질서의 청지기들이 되어야 한다. 우리는 여전히 사회에서 우리가 하는 행동으로 문화를 만들어야 한다. 우리는 우리가 사는 세상에서 빛과 소금이 되어야 한다"(*Discipleship of Mind*, James. W. Sire).

○ "주의 손으로 만드신 것을 다스리게 하시고 만물을 그의 발아래 두셨으니" (시 8 : 6).

인간의 타락과 그 결과

1. 인간은 왜 타락했습니까?(창 3 : 1-19)

2. 그 결과는 어떠합니까?(창 5장, 요 8 : 44, 마 3 : 7, 23 : 33, 눅 4 : 5-6)

○ 창세기 3장에서 뱀이 등장합니다. 이 뱀의 유혹을 받고 인간은 타락하게 되어 모든 불행이 시작되었습니다.

○ 타락의 결과 죽음이 왔습니다. 마귀의 자식이 되었습니다(요 8 : 44). 그 결과로 에덴동산에서 쫓겨났습니다.

○ 아담과 하와가 죄를 지어 하나님의 형상을 잃어버리고 뱀의 자식이 되어 버렸습니다(마 3 : 7, 12 : 34). 또 정복하고 다스릴 수 있는 통치권도 빼앗겨 버렸습니다(눅 4 : 5-6, 벧후 2 : 19).

○ 모든 족보는 남자로 이어집니다. 그런데 여인의 후손을 통하여 구원하신다고 했습니다. 이는 구원에 대한 첫 복음의 약속입니다.

▮ 구속

1. 하나님께서 타락한 인간에게 주신 최초의 구원의 약속은 무엇입니까?(창 3 : 15)

○ 하나님의 걸작물인 사람이 하나님을 배역한 사탄에게 넘어갔다는 사실은 하나님의 명예에 치명적인 손상을 가져옵니다. 하나님은 지금 패배하여 죄의 종이 되어 버린 여인과 뱀 앞에서 선언하셨습니다. "네가 넘어뜨린 이 여인의 후손이 너의 머리를 깨뜨릴 것이다" 이를 신학적으로 원시복음, 혹은 최초의 복음(The original Gospel, The primitive Gospel)이라 합니다. 여인의 후손으로 오실 예수 그리스도를 통하여 죄로부터, 사탄으로부터 세상을 구원할 구속사의 계획을 선언하신 내용입니다.

○ 하나님은 아담이 타락한 후에도 땅에 하나님의 씨를 번식시키며 하나님 나라에 대한 계획을 철회하지 않으시고, 하나님의 대행자로서 하나님의 사람들을 세우시고, 그들이 하나님 나라를 다스리며 계승시켜 가기를 원하셨습니다.

2. 하나님께서 하나님의 사람들에게 말씀하신 구원의 약속은 무엇입니까?

1) 홍수 사건으로 처음 세상을 심판하신 이후에 노아와 그 아들들에게 주셨던 두 가지 사명은 무엇이었습니까?(창 9 : 1－2)

---

2) 바벨탑 사건으로 땅에 또 한 번의 하나님의 심판이 임하여 땅의 사람들은 흩어지게 되었습니다. 하나님은 한 사람을 선택하여 한 민족의 역사, 곧 구속사의 새 역사를 시작하십니다. 아브라함에게 주셨던 두 가지 약속은 무엇입니까?(창 12 : 1-2, 참고. 15 : 4-7, 17 : 6-8)

3) 아브라함에게 주셨던 약속이 그의 아들 이삭에게 이어지고 있습니다. 무엇을 말씀합니까?(창 26 : 4)

4) 이삭의 아들 야곱에게 다시 이어졌던 하나님의 약속은 무엇입니까?(창 35 : 11-12)

5) 요셉에게 야곱이 확인시킨 하나님의 약속의 내용은 무엇입니까?(창 48 : 4)

6) 모세가 모압 평지에서 출애굽 2세들에게 확인시켜 준 하나님의 약속의 내용은 무엇입니까?(신 8 : 1)

7) 바벨론 땅에 있는 포로상태의 유대인들에게 이사야 선지자를 통하여 주신 하나님의 위로의 약속은 무엇입니까?(사 60 : 22)

3. 예수님은 메시야로 세상을 구원하러 오셨으며, 타락한 인류에게 찾아오신 새로운 희망의 새언약이십니다. 그분은 우리에게 두 가지의 약속을 주셨습니다. 그것이 무엇입니까?

1) 베드로의 위대한 신앙고백은 우리 모두의 신앙고백의 모델이 됩니다. 그는 우리 주님을 누구라고 소개하고 있습니까?(마 16 : 16)

2) 바울은 다메섹으로 가는 길에서 부활하신 주님을 만나 회심합니다. 회심한 이후 그가 핍박했던 예수를 누구라고 소개하고 있습니까?(행 9 : 19 - 21)

3) 요한이 성경을 기록한 목적을 이야기 합니다. 예수님을 어떻게 소개하고 있습니까?(요 20 : 31)

4) 요한일서에서 세상을 이기는 믿음은 누가 가지고 있다고 증언합니까?(요일 5 : 5, 1)

5) 마가는 그의 책 첫 부분에서 복음의 시작을 어떻게 설명합니까?(막 1 : 1)

6) 베다니의 나사로의 누이 마르다의 신앙고백의 내용은 무엇입니까?(요 11 : 27)

7) 신약성경의 첫 책인 마태복음은 예수님의 족보로 시작됩니다. 그분에 대한 첫 소개를 무엇이라고 합니까?(마 1 : 1)

이를 성경적으로 정리해 본다면 다음의 도표로 이해할 수 있습니다.

	성부의 창조 (창 1 : 26－28)	성자의 구속 (마 16 : 16)	성령의 역사
씨 (Sonship)	생육, 번성, 충만	살아 계신 하나님의 아들	성령의 내적 역사－생명의 부요함을 위한 성령의 열매들 (갈 5 : 22－23)
통치권 (Kingship)	정복, 다스림	그리스도	성령의 외적 역사－하나님 나라, 교회를 위한 능력, 성령의 은사들(고전 12 : 4－11)

4. 구속사의 두 흐름은 오늘 우리가 경험하는 구원의 모습입니다. 구원받은 이후에 내 삶에 무엇이 변했습니까?

나.는. 얼.마.짜.리.입.니.까.?

아프리카 어느 부족의 이야기입니다.

이 부족에서는 결혼을 하려면 남자가 지참금을 내고 여자를 데려와야 하는 풍습이 있었습니다. 지참금은 건장하고 우람한 소였는데, 신부가 젊고 예쁠수록 가져와야 할 소의 숫자가 증가했습니다.

이 마을에는 노처녀가 한 명 있었습니다. 나이가 많을 뿐만 아니라 생긴 것도 그저 그렇고 해서 소 반 마리만 준다고 해도 얼른 보내고 싶은 그런 여자였습니다. 그런데 추장 아들이 이 노처녀에게 있는 아무도 보지 못한 어떤 매력을 보고 반하게 되었습니다. 아무도 거들떠보지 않는 노처녀에게 반해서 청혼을 하게 됩니다. 마을에서는 이것이 큰 화제 거리가 되었습니다. 그럴 수밖에 없는 것이 추장 아들이 젊고 예쁜 여자들은 다 제쳐놓고 못생기고 나이 많은 노처녀를 선택했기 때문입니다.

그런데 사람들을 더욱 놀라게 한 것은 추장 아들이 가져온 지참금이었습니다. 데려가 주는 것만 해도 고마워할 처가에 소를 여덟 마리나 가져온 것입니다. 그 일로 마을은 떠들썩했습니다. 그 마을에서는 지금까지 아무리 뛰어난 미인도 소 세 마리가 가장 많은 지참금이었기 때문입니다.

많은 화제를 만들어 내며 추장 아들과 노처녀는 마침내 결혼식을 올렸습니다. 그리고 드디어 첫날밤이 되었습니다. 노처녀는 자신에게 왜 그렇게 많은 지참금을 보냈는지 신랑에게 물었습니다.

"내게 당신은 소 여덟 마리보다 더 가치가 있습니다. 내게 소가 더 많이 있었다면, 그것마저 다 보냈을 것입니다."라고 대답했습니다.

신부의 눈에서 눈물이 흘렀습니다. 그 순간부터 이 신부의 삶은 달라졌습니다. 아무도 거들떠보지 않는 나이 들어가던 추레한 노처녀가 아닌 세상에서 가장 아름다운 신부가 된 것입니다.

말씨와 걸음걸이, 사람들을 대하는 태도, 그 모든 것이 달라졌습니다. 소 세 마리짜리 아내와 비교할 수 없는 격조 높은 소 여덟 마리짜리 아내가 되었습니다. 신랑이 부여해 준 높은 가치가 한 사람의 남은 인생을 전혀 다른 차원의 인생으로 변화시킨 것입니다.

하나님은 나를 얼마짜리로 사 주셨습니까?

당신은 생명을 다 바쳐서라도 사랑하고 싶은 그런 대상을 만나셨습니까?

그렇게 사랑할 수 있는 이유는 무엇입니까?

3장

믿음의 목표(Goal) : '구원, 그 이후'의 삶

주님은 우리의 구원을 위해서 이 땅에 찾아오셨습니다.
이 구원의 의미가 무엇인지를 아는 것이 중요합니다.
단순한 죽음 이후(천당)의 보장만을 위함이 아닌
이 땅에서 우리가 해야 할 사명과 연결되어 있습니다.
내가 만난 그리스도가 누구인지,
그 이름 안에 감추어진 비밀을 아는 일이 중요합니다.

나의 신앙고백

1. 나는 예수님을 '하나님의 아들' 로 고백합니까?

○ 이 질문은 "나는 구원받았습니까?" 라는 질문과 같고, 이 대답은 우리의 씨에 대한 책임과 연결되어 있습니다. 내가 받은 이 씨를 가지고 생육, 번성, 충만의 삶을 나는 어떻게 살고 있습니까?

○ 나의 전도와 선교에 대한 간증들을 나누어 봅시다. 또 이 씨를 전달하기 위한 앞으로의 계획들을 이야기해 봅시다.

2. 나는 예수님을 그리스도라고 고백합니까?

○ 이 질문은 하나님 나라에 대한 중요한 질문입니다. 내가 성령으로 기름 부음 받은 자라면 성령의 능력으로 내게 주신 삶의 영역들에 거룩한 영향력을 끼쳐야 합니다.

○ 나는 내게 주신 통치영역(market place)들을 어떻게 섬기고 있습니까?(가정, 친구관계, 셀, 교회, 직장, 선교의 현장, 내가 접하고 있는 모든 영역들)

○ 내가 직면하고 있는 현재의 나의 문제는 무엇입니까? 나는 이 문제를 어떻게 극복할 수 있습니까?

내가 세워 가야 할 하나님 나라와 사명

예수님은 하나님의 씨를 가지고 우리에게 오셔서 우리의 생명이 되어 주셨습니다. 내 속에 뿌려진 씨가 옥토에 뿌려진 씨처럼 잘 자라 30배, 60배, 100배의 결실로 나타나야 합니다. 또 우리는 그리스도이신 주님으로부터 성령을 받았습니다(고전 12 : 3, 롬 8 : 9). 이는 하나님의 대행자가 되어 하나님 나라를 위해 동역자로 부름을 받았다는 뜻입니다(고전 3 : 9).

우리에게 성령을 주심은 하나님 나라에 대한 사명을 감당하도록 하기 위함입니다. 구약에서 기름 부음을 받은 자들은 선지자, 왕, 제사장이었습니다. 예수님은 그리스도로 오셔서 이 세 직분을 다 감당하셨습니다. 이를 신학적으로 '그리스도의 삼중직' 이라고 표현합니다.

1. 성령받은 사람들이 감당해야 할 세 직분이 있습니다. 그중 나는 하나님의 뜻과 그 메시지를 전달하는 선지자적 사명을 어떻게 감당하고 있습니까?(딤후 4 : 2, 딤전 4 : 11-16)

2. 말로 교훈하고 가르쳐도 듣지 않으면 그를 세우기 위하여 베풀고 섬겨야 합니다. 하나님의 나라를 살 수 있도록 나는 왕의 사명을 어떻게 감당하고 있습니까?(벧전 2 : 9, 계 1 : 6, 5 : 10)

3. 말로도 안 되고, 베풀고 섬겨도 안 될 때는 하나님께 품고 나아가야 합니다. 우리는 이를 '중보의 사역' 또는 '제사장의 사역'이라고 말할 수 있습니다. 내가 품고 하나님께 나아가는 나의 양들은 누구입니까?(벧전 2 : 5, 계 20 : 6)

구속사의 완성

지금 우리는 어떤 시대에 살고 있습니까? 우리는 이미 구원받았고 구원의 완성을 기다리고 있습니다. 즉, 하나님 나라가 이미 왔고(already), 완성될 하나님의 나라(but not yet)를 기다리고 있습니다. 그러므로 우리는 지금 창세기 3장에서 요한계시록 20장까지의 삶을 살고 있습니다. 마귀와의 영적인 전투 가운데 살아가고 있다는 이야기입니다.

1. 누가 아들로서 하나님 나라의 상속자가 됩니까?(계 21 : 6 - 7)

○ 하나님은 이기는 자들, 즉 태어났을 뿐만 아니라 잘 자라 그 나라를 위하여 믿음의 선한 싸움에서 승리를 이룬 자녀들에게 하나님 나라를 상속하겠다고 약속하셨습니다.

2. 이 땅에서 두루마리에 기록된 예언의 말씀들을 신실하게 지킨 하나님의 존귀한 자녀들에게 약속하신 영원한 보상은 무엇입니까?(계 22 : 5－7)

3. 이 땅을 오염시킨 뱀의 운명은 어떻게 된다고 말씀합니까?(계 12 : 9, 계 20 : 1－3, 10)

천.국.을. 사.는. 333. 전.략.

남아프리카의 바벰바 종족 사회에는 범죄가 극히 드물다고 합니다. 어쩌다 죄를 범하는 사람이 있으면 독특한 방법으로 그 죄를 다스립니다. 마을사람들은 모든 일을 중단하고 모여 잘못을 저지른 사람을 향해 큰소리로 한마디씩 외칩니다. 그가 과거에 행한 미담, 선행, 장점을 하나둘씩 열거합니다. 며칠이고 칭찬을 하고 나면 그때부터 축제가 벌어집니다. 잘못을 저지른 사람이 이제 새 사람이 되었다고 인정하고 축하하는 것입니다. 이렇게 칭찬의 폭탄을 받고 나면 죄를 범하고 위축되었던 그 사람은 자존심을 회복합니다. 그러고는 새 사람이 되어 이웃들에게 보답하는 삶을 살겠다고 눈물로 결단을 합니다.

사탄은 생명을 죽음으로, 빛을 어두움으로 바꾸는 자입니다. 그러나 하나님의 창조는 혼돈을 구별됨으로, 공허를 생명으로 채우고, 어두움을 빛으로 바꾸는 살리는 영이십니다. "땅이 혼돈하고 공허하며 흑암이 깊음 위에 있고 하나님의 영은 수면 위에 운행하시니라"(창 1 : 2).

하나님의 영은 생명의 영이요 살리는 영입니다. "그러므로 이제 그리스도 예수 안에 있는 자에게는 결코 정죄함이 없나니 이는 그리스도 예수 안에 있는 생명의 성령의 법이 죄와 사망의 법에서 너를 해방하였음이라"(롬 8 : 1-2). "기록된 바 첫 사람 아담은 생령이 되었다 함과 같이 마지막 아담은 살려 주는 영이 되었나니"(고전 15 : 45).

왜 구원받은 우리에게 성령을 주셨습니까? 성령받은 사람은 어떻게 살아야 합니까? 우리는 살리는 일을 해야 합니다. 주님은 살려 주는 영으로 우리에게 오셨습니다.

'천국을 사는 333 전략' 을 사용합시다.

"나는 매일 하루에 세 사람 이상을 지지하고 격려한다. 한 사람을 만나면 세 가지 이상 장점을 찾아 칭찬한다. 매일 살리는 영이신 그리스도를 세 번 이상 전하고, 간증하고 그 힘으로 섬긴다."

그러다 보면 배우자가, 자녀가, 주변이, 세상이 바뀌기 시작합니다. 천국은 멀리 있지 않습니다. 우리의 살리는 언어로부터 시작됩니다. 하나님이 그렇게 하셨듯이…….

"격려를 받는 사람은 그렇지 않은 사람보다 고통을 훨씬 더 오래 참는다는 실험 결과가 있습니다. 격려를 받은 사람은 불가능에 도전하고 커다란 역경을 극복할 수 있습니다. 작가 조지 애덤스는 '누구의 인생이든 절정기가 있게 마련이고, 그 절정기의 대부분은 누군가의 격려를 통해 찾아온다.' 며, 격려를 '영혼의 산소' 라 칭했습니다"(「위대한 영향력」, 존 멕스웰).

4장

출애굽기를 통한 구원과정 이해하기 (Process)

출애굽기는 이스라엘 백성들의 구원의 전 과정을 우리에게 보여 줍니다.
(노예상태 → 구원 → 서약 → 훈련 → 변화 → 완성)
본 장에서는 모세를 통해 주셨던 이스라엘의 구원을
출애굽기 전체 구도를 통해 살펴봅니다.

우리를 구원하신 목적

1. 하나님의 창조의 목적은 무엇입니까?(창 1 : 26 – 28)

2. 구원의 목적은 무엇입니까?(마 16 : 16)

○ 이스라엘은 하나님의 약속대로 생육하고 번성하고 충만해짐으로 중대한 민족으로 성숙했습니다(출 1 : 7). 이제 남은 약속은 통치의 영역으로 주신 약속의 땅을 기업으로 얻는 일입니다(출 3 : 7 – 8).

하나님이 이끄시는 구원의 과정

1. 은혜의 하나님(1 – 11장) : 목자를 통해 찾아오심

○ 이스라엘 백성들이 애굽 땅에서 노예생활하면서 큰 고통을 당하고 있을 때 하나님은 그들의 고통 소리를 들으셨습니다. 그리고 그들을 구원하기 위하여 그들의 고통받는 삶의 현장으로 내려오셨습니다(출 3 : 7 – 8).

1) 어떤 방법으로 이스라엘을 찾아오셨습니까?(3 : 9 – 12)

2) 그 일을 위하여 그는 얼마나 오랫동안 준비해야 했습니까? 하나님의 대행자로 서기 위하여 그가 받은 훈련은 어떤 내용이었습니까?

① 그가 받은 가정교육(히 11 : 24 - 26)

② 그가 받은 공교육 - 리더십 교육(행 7 : 22)

③ 그가 받은 광야훈련(행 7 : 29 - 33)

3) 그가 바로 앞에 섰을 때 그는 어떤 사람으로 보여졌습니까?(7 : 1)

4) 나에게는 하나님이 어떤 방법으로 찾아오셨습니까?

2. 피의 구원(12장) : 하나님의 방법으로 사는 믿음의 사람이 됨

1) 이스라엘이 하나님의 심판으로부터 구원받기 위하여 준비했던 일은 무엇입니까?(12 : 1－7, 12－14)

2) 그들이 그 밤에 먹었던 음식은 무엇입니까?(12 : 8－10)

3) 어떤 자세, 복장을 취하게 했습니까?(12 : 11)

4) 나는 어떻게 구원받았습니까?

무엇을 믿었고, 어떤 고백을 했습니까?

3. 신앙의 원칙과 세례(13－14장) : 자기 십자가를 결단함

1) 유월절 의식을 통하여 구원받은 이스라엘에게 가르쳐 주신 신앙의 원칙 3가지는 무엇입니까?(출 13장)

2) 가까운 길을 두고 홍해의 광야 길로 돌려서 인도하신 곳과 그렇게 하신 이유는 무엇입니까?(13 : 17－18, 14 : 1－2)

3) 바울은 이 홍해를 건넌 사건을 어떤 의미로 해석했습니까?(고전 10 : 1－2)

4) 홍해 앞에 선 이스라엘처럼 이런 절대 절명의 위기를 당해 본 적이 있습니까? 그때 그 위기를 어떻게 극복했습니까? 그 사건을 통해 얻은 교훈은 무엇입니까?

4. 광야의 훈련(15 - 18장) : 힘 빼기, 자기를 비우기

1) 수르광야에서 그들은 어떤 실망을 합니까?(15 : 22 - 26)

2) 신광야에서 그들은 어떤 위기를 경험합니까?(16 : 1 - 36)

3) 르비딤 광야에서 경험한 어려움은 무엇이었습니까?(17 : 1 - 7)

4) 그들이 가나안을 향해 행군할 때 최초로 그들을 방해했던 적은 누구입니까?(17 : 8 - 16)

5) 시내 광야에서 이스라엘의 기력이 쇠하도록 힘들게 경험했던 또 하나의 어려움은 무엇이었습니까?(18 : 13 - 27)

6) 구원받은 하나님의 자녀들을 광야로 이끌어 훈련케 하신 광야 훈련의 목적이 무엇이라고 생각합니까?

5. 계시의 산 시내산(19 – 24장) : 하나님을 알아 감

1) 광야 훈련을 지나 그들은 시내산에 도달했습니다. 이스라엘이 하나님과의 언약을 잘 지키면 어떤 보상을 주겠다고 약속하십니까?(19 : 4 – 6)

2) 하나님의 말씀을 받기 위하여 백성들과 제사장들에게 어떻게 준비하라고 하십니까?(19 : 10 – 11, 14 – 15, 22)

3) 십계명의 내용을 크게 둘로 나눈다면 어떻게 나눌 수 있겠습니까?(20장) 이 내용을 예수님은 어떻게 정리하셨습니까?(마 22 : 37 – 40)

4) 십계명은 하나님께서 구원받은 하나님의 백성들에게 요구하시는 하나

님 나라의 경영원칙이라고 말할 수 있습니다. 신앙인으로서 세상을 사는 '내 삶의 10가지 원칙' 을 정리해 봅시다.

6. 성막예배로 인도하심(25 – 40장) : 상호 교통하기

1) 성막의 문은 무엇을 상징합니까?(요 10 : 9 – 10)

2) 뜰에서는 무슨 일이 진행됩니까?(40 : 6 – 11, 29 – 32)

3) 성소의 의미는 무엇입니까?(40 : 4 – 5, 22 – 27, 히 9 : 1 – 2)

4) 지성소에 들어가면 무엇을 볼 수 있습니까?(40 : 20 – 21, 히 9 : 3 – 7)

5) 성막을 중심으로 진을 치게 하고 매일 성막에 나아오게 하신 이유가 무엇이라고 생각합니까?

7. 구원의 과정 전체 이해하기

1~11장 | 은혜 : 목자를 통해 찾아오심.

12장 | 피의 유월절 : 하나님의 방법으로 죄사함 받고, 그 은혜로 사는 믿음의 사람이 됨.

13~14장 | 신앙의 오리엔테이션과 세례 경험하기 : 자기 십자가를 결단함(자기 부인).

15~18장 | 광야 훈련 : 힘 빼기, 자기를 비우기

19~24장 | 시내산 계시 : 하나님을 알아 감.

25~40장 | 성막으로의 초대 : 예배생활, 상호 교통하기

1) 나는 지금 어느 과정에 있다고 생각됩니까?

2) 지금 내가 버려야 할 것과 붙잡아야 할 것은 무엇입니까?

3) 내가 성숙해야 할 다음 단계는 무엇입니까?

생.명.의. 기.적.

스물네 살에 일본군의 포로가 된 영국군 장교 어니스트 고든은 인도 침공을 위하여 일본군이 태국 정글에 건설 중이던 철로 공사현장에 보내어졌다. 허리에 간신히 천 하나만 두른 채 포로들은 50도에 육박하는 찌는 듯한 태양 아래서 일했다. 온몸은 벌레에 물렸고 날카로운 돌멩이에 맨발이 베이고 멍들었다. 일본군 간수는 포로가 게으름을 부린다 싶으면 때려죽이거나 총검으로 찔러죽이거나 다른 포로들이 보는 앞에서 목을 잘라 버렸다. 그러나 그보다 더 많은 사람들이 과로, 영양실조와 질병으로 죽어 갔다. 8만 명이 목숨을 잃어 1마일당 393명이 죽음을 당한 꼴이 되었다.

고든은 각기병, 기생충, 말라리아. 이질, 장티푸스가 한꺼번에 겹쳐 쇠약해진 상태에서 악성 디프테리아가 발병해 먹지 못할 뿐 아니라 그 부작용으로 다리의 감각을 완전히 잃었다. 그는 소생할 가망이 없는 포로들이 호흡이 멈출 때까지 누워 있는 '죽음의 집'에 이송되었다. 견딜 수 없는 악취가 나는 그곳에서 고든은 누워서 죽음을 기다렸다.

전쟁 기간 내내 수용소는 적자생존의 실험실이었다. 식량배급을 받을 때 수프에 떠다니는 야채 몇 조각이나 쌀 몇 알을 놓고도 싸움을 벌였다. 절도가 흔했으며, 사람들은 짐승처럼 살았고, 그 때문에 그들 안에는 증오가 이글거렸다. 그러나 최근에 일어난 한 가지 특별한 사건이 포로들에게 신선한 충격을 주었다. 일본군 간수가 어느 날 작업 도구를 점검하던 중 삽 하나가 없어졌다며 고함을 질러 댔다. 그는 포로들을 헤집고 다니면서 훔친 사람을 찾아내라고 성화였다. 아무도 자백하지 않자 그는 "다 죽인다!"라고 소리를 지르며 줄 맨 앞에 있는 사람에게 총부리를 겨누었다. 바로 그 순간 한 징집병이 앞으로 나와 차렷 자세를 취하고는 말했다. "내가 했습니다."

화가 난 간수는 그 포로에게 덤벼들어 발로 차고 때렸고, 총을 높이 치켜들어 개머리판으로 그 포로의 머리를 찍었다. 힘없이 바닥에 쓰러진 포로는 더 이상 움직이지 않았고, 간수는 그 시신을 계속 걷어찼다. 구타가 그치자 다른 포로들은 동료의 시신을 메고 숙소로 되돌아갔다. 그날 밤 작업 도구의 재고

조사를 다시 했을 때 간수는 실수가 있었음을 알게 되었다. 삽은 하나도 없어지지 않았던 것이다.

포로 중 한 명이 "사람이 친구를 위하여 자기 목숨을 버리면 이에서 더 큰 사랑이 없나니"라는 성경구절을 말했다. 포로들의 태도는 달라지기 시작했다. 그들은 더 이상 죽어 가는 이들을 함부로 대하지 않았고, 합당한 장례식을 치르고 매장을 한 뒤 각 사람의 무덤에 십자가를 꽂아 주었다. 누가 시킨 것도 아니었는데 포로들은 서로를 돌보기 시작했고 절도는 급격히 줄어들었다.

고든의 친구들은 습지에서 떨어져 고지대에 있는 그들의 오두막 옆에 새로 대나무를 덧붙여 공간을 만들었다. 오염된 '죽음의 집' 땅바닥에 뒹굴던 고든의 오그라든 몸을 들것에다 싣고 대나무 침상으로 데려가 몇 달 만에 처음으로 깨끗한 숙소에 눕혔다. 고든은 매일 찾아오는 동료들의 보살핌을 받으며 그 변화를 직접 느꼈다. 그들은 그의 다리에 난 종기를 열심히 치료했고, 위축되어 쓸모없어진 다리를 주물러 주었다. 음식을 가져다주었고 그의 배설물을 치워 주었다. 따뜻한 몇 주 동안의 보살핌 후 고든은 몸무게가 약간 늘었고, 놀랍게도 다리도 부분적으로 다시 쓸 수 있게 되었다. 어린 시절의 기억을 되살려 단편적이나마 다시 믿음을 갖게 된 고든은 수용소 내의 비공식 군목이 되었다. 포로들은 작은 교회를 지었고, 매일 저녁 모여서 가장 어려움이 큰 사람들을 위해 기도했다.

죽음은 여전히 그들 곁에 있었다. 그러나 그들은 그 파괴적인 지배력에서 벗어나고 있었다. 그들은 생명의 힘과 죽음의 힘 사이의 극명한 대조를 직접 보고 있었다. 사랑, 자기희생, 동정, 자비, 인격과 창의적 믿음은 생명의 본질이고 짐승 같은 삶을 섬기는 삶으로 바꿔 놓았다. 이것들은 하나님이 인간들에게 주신 선물이었다. 분명 생명은 죽음보다 강했다.

후에 고든은 장로교 목사가 되었고 프린스턴 대학의 교목으로 섬기다가 2002년에 세상을 떠났다.

– "콰이강의 기적(To End All Wars)",

「내 눈이 주의 영광을 보네」(필립 얀시) 중에서

5장

사명 경영하기 (Mission Management)

우리의 정체성과 사명은 타고난 것으로 되지 않습니다.
저절로 이루어지지 않습니다.
경영해야 합니다.

주님은 우리에게 영생을 주셨습니다(요 10 : 28).

이는 거룩한 씨요, 우리 주님의 씨입니다.

이제 우리는 이 씨를 생육, 번성, 충만케 하여야 합니다.

또 이 씨를 가진 하나님의 상속자로서 이 역사와 구속사를 책임지는 통치권자로 살아가야 합니다.

이 일을 위하여 능력의 영이신 성령을 주셨고(행 1 : 8), 하늘과 땅의 모든 권세를 받으신 주님이 세상 끝날까지 동행할 것을 약속하시면서 제자들에게 모든 민족을 제자 삼는 일을 맡기셨습니다(마 28 : 18 – 20).

아담은 하나님의 형상(Sonship)과 통치권(Kingship)을 잃어버렸지만 예수님은 그 씨(살아 계신 하나님의 아들)와 통치권(그리스도)을 가지고 오셔서 우리를 구원하셨습니다(마 16 : 16).

그리고 주님의 뒤를 따르는 제자의 삶을 살겠다고 결단하는 우리에게 주님과 동일한 삶을 살 것을 요청하셨습니다.

씨를 확산시킬 선교적 사명(막 16 : 15 – 16)과 정복하고 다스릴 능력 사역을 명하셨습니다(막 16 : 17 – 20, 눅 10 : 19).

그렇다면 우리의 정체성과 사명(mission)이 분명해졌습니다.

나는 어떤 사람이 되어야 합니까?

나는 무엇을 위해 살아야 합니까?

나는 그것을 어떻게 실천할 수 있습니까?

타고난 것으로 되지 않습니다. 저절로 이루어지지 않습니다.

경영해야 합니다.

1. 데일리 카드(Daily Card)로 점검하기

Daily card

(천국을 사는 3.3.3 전략)

작성자 : ________ 작성 기간 : ________ 년 월 일 ~ 일

	실천사항	월 ( )	화 ( )	수 ( )	목 ( )	금 ( )	토 ( )
하나님의 통치를 실현하는 왕으로 살기 (Kingship)	1. 3사람 이상 지지, 격려						
	2. 장점 3가지 이상 칭찬 (지적, 충고 3 : 1의 원칙에 의거)						
	3. 3회 이상 그리스도를 나눔 - 전도, 간증, 섬김						
내 인생의 VIP를 위한 제사장으로 기도하기 (Priesthood)	1. 육신의 생명의 고리						
	2. 영적 생명의 고리						
	3. VIP Best 3을 위하여						
건강한 아들로 살기 (Sonship)	1. 3장, 5장 말씀 읽기						
	2. 30분, 60분, 120분 기도						
	3. 찬양, 감사 묵상 5가지						

★ 선포 : "비비부불은 피하고 용감 미인대칭하리라!" ★ 영적전쟁 : 〔전적 : 전 승 패〕	VIP 3 1. 2. 3.

2. 하나님의 기대목록 작성해 보기

3. 나의 삶의 경영원칙 : 나의 십계명 만들기

	나를 경영하는 매일의 삶의 원칙
1	
2	
3	
4	
5	
6	
7	
8	
9	
10	

예) 농구 전설 존 우든의 '7가지 인생철학'

1. 너 자신에게 진실하라.
2. 매일 나만의 명작(Master Piece)을 하나씩 만들어라.
3. 남을 도와주라.
4. 좋은 책을 많이 읽어라. 특히 성경을 깊이 읽어라.
5. 친구와의 우정을 예술로 승화시켜라.
6. 인생의 궂은 날을 대비해 너만의 준비를 해 두라.
7. 매일 성령님의 인도하심을 간구하며 내가 받은 축복을 헤아려 보고 감사드려라.

(존 우든〈John Wooden〉은 누구도 깨지 못한 6개의 신기록, 명예의 전당에 두 번이나 오른 인물이다. 농구를 사랑하는 세계 모든 스포츠 애호가들의 존경의 대상이며, 하나님의 말씀을 삶으로 실천하여 꿈을 현실로 이루고자 기도하는 모든 비전 있는 사람들의 인생코치이다.)

4. 사명 선언문 작성하기

5. 나의 복음 선포문 만들기

철.저.한. 준.비.와. 경.영.

1909년 미국인 R. E. 피어리가 북극 탐험에 성공하자 고무 받은 각국들은 남극으로 눈을 돌리게 되었고, 영국의 스콧과 노르웨이의 아문센은 누가 처음으로 남극을 정복하느냐를 두고 각자 조국의 영광과 명예를 걸고 경쟁합니다. 결과는 아문센의 승리였습니다.

로알드 아문센! 그는 1872년 노르웨이의 보르크란 곳에서 태어났습니다. 어려서부터 탐험가가 되기를 그려 오던 그는 추운 겨울날 문을 열어 놓고 잠을 자는 연습을 할 정도로 남북극 탐험을 갈망해 왔습니다.

1911년 두 탐험대가 남극을 향하여 길을 떠났습니다. 노르웨이의 아문센과 영국의 스콧 경이 이끄는 두 팀이었습니다. 출발은 함께했습니다. 아문센은 에스키모의 여행법과 남극 지역을 여행한 사람들의 경험담을 철저히 분석해서 탐험 장비와 루트를 연구했습니다. 그 결과 모든 장비와 물품은 에스키모 개가 끄는 썰매로 운반하는 것이 최상임을 알고 개썰매 전문가와 스키어를 모집했습니다.

하루에 30킬로미터 내외, 여섯 시간씩만 움직이도록 했고, 다음 날을 위해 충분한 휴식 시간을 주었습니다. 또 남극점까지 이르는 루트 곳곳에 중간 베이스캠프를 마련해 탐험대가 지고 가는 짐의 양을 최소한으로 줄이도록 했습니다.

로스해(海)의 고래만(灣) 대빙벽에 기지를 설치하고 개썰매로 남극점을 향해 출발한 지 55일 만인 1911년 12월 14일 인류 사상 최초로 남극점 도달에 성공하였습니다. 철저한 준비로 아문센의 탐험대는 대원 한 명이 썩은 이를 뽑은 것을 제외하고는 부상자 없이 남극을 정복하고 돌아올 수 있었습니다.

그런데 영국 해군 장교였던 스콧 경은 남극지방을 몇 번 여행한 경험이 있어서 상세한 사전 답사조차 하지 않은 채 탐사를 시작했습니다. 개보다 나을 것이라고 판단하여 좋은 모터 엔진을 단 썰매를 준비하고 망아지에게 짐을 지고 가게 했습니다. 그러나 길을 떠난 지 5일 만에 엔진은 얼어 버렸고, 얼마 가지 못해 망아지는 동상에 걸려 죽고 말았습니다. 더욱이 스콧의 대원들은 복장과 장비가 부실해서 매일 아침 동상으로 퉁퉁 부은 발 때문에 신발 신는 데 1시간 정도를 소모해야 했습니다. 우여곡절 끝에 10주 동안 자신들이 직접 짐을 지고 1,300킬로미터를 걸어서 1912년 1월 17일 남극점에 도착했습니다. 그곳에는 이미 한 달 전에 아문센 일행이 도착해 꽂아 놓은 노르웨이 국기가 휘날리고 있었습니다.

그런데 문제는 돌아오는 길이었습니다. 스콧 경은 돌아오는 길에도 사태의 심각성을 깨닫지 못하고 대원들에게 10킬로그램이 넘는 지질학 화석 자료를 구해 짊어지고 가게 했습니다. 돌아오는 두 달 동안 굶주림과 추위에 지친 대원은 하나씩 죽어 갔고, 베이스캠프에서 240킬로미터 되는 지점에 이르러 마지막으로 스콧 경이 죽습니다. 죽음을 목전에 두고 그는 이런 유언을 남겼습니다. "우리는 영국 신사답게 죽을 것이다. 우리의 죽음은 역경을 이겨 내는 영국인의 의지와 힘이 결코 사라지지 않았음을 입증해 줄 것이다."

준비하지 못한 사람은 꿈도, 열정도, 자신감도 다 허망한 것이 됩니다. 승리는 철저한 준비와 경영에 있었습니다. 철저하게 준비하면 자신도 살고, 남도 살립니다. 그러나 지도자의 성실하지 못한 준비는 여러 사람에게 큰 피해를 줍니다. 준비하는 인생이 아름답습니다. 준비하는 인생이 영광의 목표에 도달할 수 있습니다.

부.록.

해설 및 해답

1장 믿음의 기초 다지기

1. ① 구원에 이르는 지혜를 줌.

   ② 그리스도 예수 안에 있는 믿음이 구원에 이르게 함.

○ 법적 근거는 등기 문서이다. 동일하게 기록된 말씀은 우리의 법적 근거가 된다. 예) 요한복음 1 : 12 말씀에서 내가 그 이름을 믿고 그분을 인격적으로 영접했기에 이 말씀에 근거하여 나는 구원받았음을 확인할 수 있다.

2. ① 성경 안에 영생에 이르는 비밀이 있기에 성경을 연구함.

   ② 이 성경이 예수 그리스도를 증언함.

3. ① 이 생명, 영생은 아들 안에 있다. 아들이 있는 자는 생명이 있다.

   ② 미래에 가 봐야 아는 것이 아니다. 지금 아들을 모시고 살면 내게 영생이 있다. 장차 갈 천국은 공간적인 개념이지만 지금 우리가 누리는 영생은 인격적인 개념이다. 내가 그분을 믿고 그분이 내 안에 계시는 연합의 개념이다.

그렇기 때문에 우리의 구원은 운명적인 개념으로가 아닌 붙어 있음의 개념, 그리스도 안에 있는(엔 크리스토 사상) 믿음의 개념, 인격적인 교통의 개념을 가져야 한다.

4. 씨를 주셔서 생육하고 번성하고 충만케 하기 위하여, 하나님이 만드신 세계를 정복하고 다스리기 위함이다.

○ 내 자식, 내 작품이기에 귀한 존재이다. 부모의 뜻을 따라 순종하며, 본인에게 주신 사명을 따라 살 때이다.

5. 죄에 대한 심판을 받음. 여자는 임신, 출산 고통을 크게 더함.
   남자는 평생에 수고하여야 그 소산을 먹음.
   에덴에서 쫓겨남.

6. 하나님의 영광을 잃어버림. 죄의 결과는 사망. 심판을 받게 됨.

7. 사람이 마귀와 원수 된 관계로 사는 것이 구원받은 자들의 특징이다. "사람이 마귀와 대화하며, 그를 믿고, 그의 말을 순종한 것이 사망을 가져왔다. 그러나 앞으로는 여자의 후손과 뱀의 후손이 서로 적대관계가 될 것이다. 장차 여인의 후손으로 구원자가 올 것이며, 그가 뱀의 머리를 상하

게 할 것이다." 예수님의 십자가 사건으로 이 약속은 이루어졌다.

8. ① 마음으로 믿고 입으로 시인함.

   ② 그 이름을 믿고 마음으로 영접하면 하나님의 자녀가 된다.

   십자가와 부활의 주님을 마음으로 믿고 입으로 그분을 주로 시인하면 구원을 얻는다.

9. ① 하나님이 보내신 독생자를 믿는 자마다 멸망하지 않고 영생을 얻는다.

   ② 내 말을 듣고 또 나 보내신 이를 믿는 자는 영생을 얻었고 심판에 이르지 아니한다.

   ③ 아들이 있는 자에게는 생명이 있다.

   약속의 말씀들에 근거하여 믿은 우리가 이미 구원받았음을 확인할 수 있다.

10. 하나님의 영광을 위해서 우리를 부르셨다. 먹든지 마시든지, 살든지 죽든지 우리는 자신을 위해 살지 말고 하나님의 영광을 위해서 살아야 한다. 모든 일에 모든 사람을 기쁘게 하며, 누구에게든지 거치는 자가 되지 말고 그들에게 유익을 주어 그들로 구원받도록 도와야 한다.

○ '영생을 산다'는 말은 예수의 씨를 가지고 예수의 생명을 사는 것을 말한다. 내가 아닌 그리스도로 사는 삶이 우리의 영생이다.

2장 믿음의 방향

창조

1. 삼위 하나님께서 창조하셨다, 하나님의 씨를 주셔서 생육, 번성, 충만케 하셨다, 하나님의 통치를 대행하여 정복하고 다스리라 하셨다.

○ 에베소서 1 : 3~14은 창조 역사 때처럼 구원 역사도 성부(3-6절), 성자(7-12절), 성령님(13-14절)의 합동작업으로 이루어짐을 보여 준다.

인간의 타락과 그 결과

1. 하나님의 말씀을 신뢰하지 않았고, 순종하지 않았다. 대신에 사탄의 말을 믿고 그의 말을 따름으로 타락했다.
2. 하나님의 형상을 잃어버리고 자기 형상의 자식을 낳기 시작했다.

첫 사람 아담의 족보(창 5장)는 생명의 역사가 아닌 '낳고-살고-죽는' 죽음으로의 족보이다. (참고 : 마태복음 1장의 예수님의 족보는 '낳고 낳고……'의 생명으로의 족보이다.)
마귀의 자녀가 되었고, 뱀의 후손으로 뱀처럼 행동하여 지옥의 판결을 피할 수 없는 악한 자들이 되었다. 더군다나 하나님을 대신하여 하나님 나라로 통치해야 할 천하만국의 영광과 통치권을 빼앗겨 버렸다.

구속

1. "지금은 패배했지만 때가 되면 사고를 낸 이 여인의 후손이 와서 뱀, 너의 머리를 깨뜨릴 것이다." 여인의 후손, 예수 그리스도에 대한 최초의 구원의 약속이다.
2. (번거롭더라도 성경본문을 일일이 찾아가며 확인을 해야 구속사의 일관된 맥을 찾아낼 수 있다.)

1) 노아와 그 아들들에게 주신 약속
   ① 생육하고 번성하여 땅에 충만하라
   ② 땅의 모든 짐승, 공중의 모든 새, 바다의 모든 물고기를 너희 손에 붙였다.

2) 아브라함에게 주신 약속
   ① 너로 큰 민족을 이룰 것이다 – 생육, 번성, 충만에 대한 약속
   ② 내가 너에게 한 땅을 주겠다 – 통치권에 대한 약속

하늘과 땅과 바다가 한 땅, 가나안으로 축소되었다.

3) 이삭에게 주신 약속

① 네 자손을 하늘의 별과 같이 번성하게 하리라

② 이 모든 땅을 네 자손에게 주겠다.

4) 야곱에게 주신 약속

① 생육하며 번성하라 한 백성과 백성들의 총회가 네게서 나오고 왕들이 네 허리에서 나오리라

② 내가 아브라함과 이삭에게 준 땅을 네게 주고 내가 네 후손에게도 그 땅을 주리라

5) 야곱을 통해 요셉에게 들려준 약속

① 내가 너로 생육하고 번성하게 하여 네게서 많은 백성이 나게 하고

② 내가 이 땅을 네 후손에게 주어 영원한 소유가 되게 하리라

6) 출애굽 2세들에게 들려주신 약속

① 내가 오늘 명하는 모든 명령을 너희가 지켜 행하면 너희가 살고 번성하고

② 여호와께서 너희의 조상들에게 맹세하신 땅에 들어가서 그것을 차지하리라

7) 바벨론의 포로 된 상태에 있는 유대인들에게 주신 약속

① 그 작은 자가 천 명을 이루겠고 – **씨의 번성에 대한 약속**

② 그 약한 자가 강국을 이룰 것이라 – **통치권에 대한 약속**

"때가 되면 나 여호와가 속히 이루리라"

이 말씀들을 보면 사람이 타락하여 무너지고 역사가 바뀌어도 하나님의 일관된 창조와 구원의 계획은 없어지지 않고 계속 이어지고 있음을 본다.

3. 메시야를 통해 주신 새 언약의 약속

1) 베드로의 신앙고백

① 살아 계신 하나님의 아들 – **씨에 대한 약속**

② 그리스도(아람어로는 메시야, 한국어로는 기름 부음 받은 자) – **통치권에 대한 약속**

2) 바울의 증거

① 예수가 하나님의 아들이심을 전파하니

② 예수를 그리스도라 증언하여

3) 요한의 증거

오직 이것을 기록함은 너희로 ① 예수께서 하나님의 아들 ② 그리스도이심을 믿게 하려 함이요 또 너희로 믿고 그 이름을 힘입어 생명을 얻게 하려 함이니라

4) 세상을 이기는 믿음의 증거

① 예수께서 하나님의 아들이심을 믿는 자

② 예수께서 그리스도이심을 믿는 자

5) 마가의 증거

① 하나님의 아들 예수

② 그리스도의 복음의 시작이라

6) 마르다의 신앙고백

① 세상에 오시는 하나님의 아들이신 줄 내가 믿나이다

② 주는 그리스도시요

7) 마태복음의 예수님의 족보의 시작

① 아브라함과(Sonship의 대표)

② 다윗(Kingship의 대표)의 자손 예수 그리스도의 계보라

예수님은 창조의 목적이요, 구원의 목표인 이 두 가지를 완성하기 위해서 오셨다. 내가 구원받은 사람이라면 이 두 가지 DNA, 스피릿이 내게도 계속 흘러야 한다. 또 내가 세울 나의 제자, 나의 양들에게도 이 구속사의 스피릿이 흐르도록 도와야 한다.

4. 두 가지 간증이 있어야 한다.

① 씨에 대한 간증 – 생명을 받아 어떻게 성장했으며 어떻게 번식하고 있는지에 대한 간증

② 통치권 – 성령받아 살리는 영향력을 어떻게 미쳤는지에 대한 간증

3장 믿음의 목표

내가 세워 가야 할 하나님 나라와 사명

성령받은 사람들이 감당해야 할 세 직분

1. 선지자 직분 – 전도, 간증, 교사, 성경공부, 설교, 선교

   언어를 통하여 하나님의 말씀을 증거하는 모든 사역을 선지자직이라고 할 수 있다. 내가 말씀으로 섬기고 있는 사람은 누구인가?

2. 왕의 직분 – 긍휼, 자비, 구제, 행정, 관리, 사랑, 치유, 능력 사역, 선교의 물질 지원

   왕의 직분은 주는 자의 직분이요 베푸는 직분이다. 나의 섬김을 통하여 그가 무언가를 얻고 도움을 받아 세워지는 사역이 왕의 사역이다. 내가 섬김으로 지원하고 세워 주고 있는 사람은 누구인가?

3. 제사장 직분 – 제사장은 문제 있는 사람을 품고 들어가 하나님께 연결시키는 자이다. 마치 문제 있는 이스라엘 백성을 가슴에 12보석으로 품고 들어가(12보석이 박혀 있는 흉패) 하나님의 용서와 축복을 얻게 했던 대제사장과 동일한 사역이다(출 28 : 15 – 30).

   하나님 앞에서 제사장으로 사역할 때는 죄인이라도 보석으로 품고 들어가야 한다. 내가 보석으로 품고 아버지께 아뢰고 있는 영혼은 누구인가?

구속사의 완성

1. 이기는 자가 이것들을 상속으로 받게 된다.

   아들로 태어남 ⇒ 아들답게 성장함 ⇒ 아버지의 나라를 망가뜨린 세력들과 싸워 이김으로 그 나라를 빼앗아 냄 ⇒ 그 나라를 상속함.

2. 그들이 세세토록 왕 노릇하리로다.

   천당에 입성하는 일은 은총으로 주어진 것이지만 그 나라를 다스리는 왕의

통치권은 이기는 자들에게 주시겠다고 약속하셨다. 아담으로 인해 나라를 적에게 내어 준 아버지의 심정을 생각해 봐야 한다. 다시 세상을 책임질 수 있는 아들들이 나타나기를 얼마나 고대하고 계신가?(롬 8 : 17－25) 고린도전서 6 : 9~10, 갈라디아서 5 : 19~21, 에베소서 5 : 3~8 말씀을 보면 세상에서 영적 싸움에 진 자들에게는 하나님의 나라를 유업으로 주지 않겠다고 말씀하셨다. 두루마리에 기록된 예언의 말씀들을 신실하게 잘 지켜야 한다.

3. 뱀의 운명

내어 쫓김 ⇒ 천년 동안 무저갱에 갇힘 ⇒ 불과 유황 못에 던져져 세세토록 괴로움을 받음.

4장 출애굽기를 통한 구원과정 이해하기

우리를 구원하신 목적

1. ① 생육, 번성, 충만하고(Sonship)
   ② 정복하고, 다스리라(Kingship)
2. ① 살아 계신 하나님의 아들－우리에게 이 씨를 주시는 분(Sonship)
   ② 그리스도－우리에게 성령을 부으셔서 기름 부음 받은 자로 살아가게 하심(Kingship)

하나님을 이끄시는 구원의 과정

1. 은혜의 하나님

1) 그들을 가나안 땅으로 이끌 목자를 통해 찾아오심, 목자를 준비시켜 그를 통하여 이스라엘을 찾아오심.

2) 기간 : 80년

① 가정교육－어머니 요게벳을 유모가 되게 하여 어린 시절 어머니를

통한 가정교육을 시키심.

바로의 공주의 아들이라 칭함을 거절함. 하나님의 백성과 함께 고난받기를 선택함. 바로의 궁궐에서 죄악의 낙을 누리는 것을 버림. 그리스도를 위하여 받는 수모를 애굽의 모든 보화보다 더 큰 재물로 여김. 상 주시는 분을 바라봄(히 11 : 24－26).
이런 모든 가치관, 정신은 그의 어머니로부터 교육받고 전수받은 것이다.

② 애굽의 왕립학교 출신－공교육, 지도자에게 필요한 리더십 교육을 받았다. －정치, 경제, 사회, 문화, 외교, 경영 등 왕이 되기에 필요한 모든 분야를 공부했을 것이다.

"그가 애굽 사람의 모든 지혜를 배워 그의 말과 하는 일들이 능하더라"(행 7 : 22)

③ 자기를 내려놓고 하나님을 대행하는 훈련을 40년간 받았다.

신발 벗는 작업－자신의 주권 포기의 훈련이다(룻기 참조). 예수님은 이를 자기부인, 자기 십자가라고 표현하셨다(마 16 : 24).

3) 신같이 보임－하나님의 대행자로 사역함(참고, 요 10 : 35).

히브리어의 '엘'은 고유명사로 쓰일 때는 하나님의 이름이지만 보통명사로 쓰일 때는 대행자의 개념이다.
천사의 이름－미가엘, 가브리엘
지도자들의 이름－'엘'이 앞에 붙든지 뒤에 붙는다. 엘리, 엘리야, 엘가나, 사무엘, 요엘, 에스기엘 등

4) 우리는 사람 지도자보다도 신비한 체험을 더 중요하게 생각한다. 그러나 하나님은 신비체험만이 아닌 사람을 통해서 찾아오신다. 우리의 신앙경험들을 정리해 보면 신비체험에 대한 경험들보다 사람과 목자들이 끼친 영향력이 훨씬 크고 많다. 그러나 한국적 토양은 과거 샤머니즘의 영향으로 신비적 사건에 특별한 의미를 둔다.
출애굽 시의 기적들, 신비한 사건들도 모세를 통해 주시는 것이지 그 신비사건을 하나님이 단독으로 행하지는 않으셨다. 그렇게 하실 것 같았으면 그 급박한 상황에서 모세를 키우느라 80년을 기다려야 할 이유가 없으셨다. 구속사의 비밀은 천사도, 신비현상도 아닌 사람임을 알아야 한다.
예수님이 오신 것도 사람을 세움에 있다(요 10 : 10). 사고 쳤던 여자의 후손

들이 다시 하나님께로 돌아와 의리를 지키고 그 나라를 회복케 하는 일이 구속사의 핵심이다. 능력으로, 신비적인 사건으로 하셨으면 이 땅의 역사는 진즉 끝이 났을 것이다. 그러나 우리 주님은 사람을 기다리신다. 2천 년 전에 구속사를 끝내지 않으신 이유가 여기에 있다. 주님은 지금 발등상을 기다리고 계신다. 고대의 전쟁은 적장이나 적국의 왕을 사로잡아 내 왕의 보좌 앞 발등상으로 드리게 되면 완전한 승리로 전쟁이 끝이 난다(시 110 : 1, 히 10 : 13). 이 발등상은 교회의 몫이요, 우리의 몫이다.

구속사의 관심은 사람이다. 타락한 사람이라도 바르게 세워 하나님을 위해 끝까지 의리를 지키고, 하나님 나라를 위해 헌신할 수 있도록 제자화시키는 일이 구속사의 목표이다.

기적이 100번 일어나는 일보다도 한 사람이 자신의 중심을 하나님께로 돌려 구원받고 생명책에 그 이름이 기록되는 일이 지상에서 일어나는 가장 귀한 일이다(눅 10 : 20).

2. 피의 구원

1) 어린양을 잡아, 그 피를 문설주와 인방에 바름.
2) 양고기, 무교병, 쓴 나물을 먹음.
3) 허리에 띠를 띠고 발에 신을 신고 손에 지팡이를 잡고 급히 먹으라
4) 피와 음식과 구원받은 이후의 삶의 자세가 어떻게 진행되고 있는지를 정리해 보도록 한다. 예를 들면, 대속의 원리를 믿고 그 피를 적용함, 그리스도를 새로운 양식으로 취함. 그리고 이전의 목표가 아닌 새로운 목표를 향한 여행자의 자세로 삶을 살게 되었다.

우리가 구원을 어떤 운명 안에 들어갔고, 또 어떤 공간에 대한 권리를 확보했다는 식으로 이해하는 것은 지극히 동양 종교적 사고방식이다. 구원은 하나님과 인격적 관계, 교통이 시작되었다는 뜻이요, 그가 내 삶과 인격에 영향을 미쳐 내가 내 안에 들어온 씨이신 그리스도의 모습으로 변화되어 간다는 의미이다.

이것을 한 남자와 한 여자의 사랑, 결혼관계로 이해해 보자. 결혼식을 했다. 그것은 사랑의 결론이 아니라 이제 사랑의 시작이다. 내가 그의 배우자가 되었다는 것이 중요한 것이 아니라 상호관계가 시작되었다는 점이다. 대화, 교통, 인격적 상호 존중의 삶으로 이어져야 한다.

3. 신앙의 원칙과 세례

1) ① 유월절 이후 모든 첫 것은 하나님의 것이다. 첫 것을 구별하여 하나님께 드리라.
   ② 누룩 없는 떡인 무교병을 먹고, 무교절을 지켜라.
   ③ 구름기둥과 불기둥의 인도를 받으라.
2) ① 하나님이 홍해의 광야 길로 돌려 백성을 인도하시매
   ② 이스라엘 자손에게 명령하여 돌이켜 바다와 믹돌 사이의 비하히롯 앞 곧 바알스본 맞은편 바닷가에 장막을 치게 하라
   ③ 이유 : 이는 하나님이 말씀하시기를 이 백성이 전쟁을 하게 되면 마음을 돌이켜 애굽으로 돌아갈까 하셨음이라
3) 세례
4) 사람의 힘으로는 절대 할 수 없는 사건을 경험하게 하실 때가 있다. 구원이 사람의 수고나 노력으로가 아닌 하나님의 힘으로만 되는 것임을 깨닫게 하기 위함이다. 세례훈련, 즉 전적으로 자기를 버리고, 하나님만 신뢰하고 의존하는 훈련이 시작된 것이다.

4. 광야의 훈련

1) 마라의 우물에서 갈증을 해갈할 물을 기대했다. 그러나 그들 앞에 나타난 마라의 우물은 마실 수 없는 쓴 물이었다. 그들의 기대는 어이없이 무너지고 실망하게 된다.
2) 애굽에서 가지고 나온 양식이 떨어짐.
3) 르비딤 광야에서 극심한 갈증을 경험함.
4) 사람(아멜렉)에게 공격을 받음.
5) 지도자의 리더십의 한계를 봄.
6) 나를 내려놓고 하나님을 신뢰하는 믿음의 힘, 신앙의 힘으로 살아가도록 훈련시키는 광야훈련학교이다.

5. 계시의 산, 시내산

1) 너희는 모든 민족 중에서 내 소유가 되겠고 너희가 내게 대하여 제사장 나라가 되며 거룩한 백성이 되리라

2) ① 백성들 – 그들을 성결하게 하며 그들에게 옷을 빨게 하고, 여인을 가까이 하지 말라

   ② 제사장들 – 그 몸을 성결하게 하라

3) ① 1~4계명 : 하나님 섬기는 법 / 하나님 사랑 – 네 마음을 다하고 목숨을 다하고 뜻을 다하여 주 너의 하나님을 사랑하라 이것이 크고 첫째되는 계명이요

   ② 5~10계명 : 사람 섬기는 법 – 둘째도 그와 같으니 네 이웃을 네 자신같이 사랑하라

   – 이 두 계명이 온 율법과 선지자의 강령이니라

6. 성막예배로 인도하심

1) 구원

2) 씻음의 장소 – 죄를 씻고(번제단), 옛사람(자아)을 씻음(물두멍 – 세례)

3) 공급의 장소

4) 속죄소(속죄판, 시은좌), 그룹들, 언약궤

5) 매일 하나님 중심으로 살고, 그 인도를 받으며, 매일 하나님이 계시는 임재 가운데로 들어가 하나님과 교통하기를 원하신다.

   교통 – 하나님이 나를 찾아오셨듯 내가 하나님을 찾아감(성막에 들어가며 하나님께 나아감으로 그분의 기준에 맞추어 가면 결국 내가 하나님의 사상, 철학, 원칙을 갖고 살게 됨.)

5장 사명 경영하기(예문)

(여기에 실은 예문들은 훈련 중 제출했던 과제물들을 본인의 승락하에 게재합니다 - 저자 주)

1. 데일리 카드(Daily Card)

왕, 제사장, 후사인 아들로 성장하기 위한 매일의 점검서이다.

매일 점검하고 소그룹으로 모일 때 서로 한주간의 수고와 전적을 축하하고 격려해 주면 영적 전쟁을 승리로 이끄는 힘을 얻게 된다.

○ "비비부불은 피하고 용감미인대칭하리라."(비난, 비판, 부정적인 표현, 불평은 피하고 용서하고 감사하고 미소 짓고 인사하고 칭찬하리라.)

○ '지적, 충고 3 : 1의 원칙' - 혹시 꼭 지적해야 할 일이 있다면 먼저 3가지를 칭찬하고 마음을 세워 준 뒤 조심스럽게 지적할 내용을 이야기한다.

○ 'VIP 3'은 기도하면서 접근하고 있는 전도대상자 3명

2. 하나님의 기대목록 작성하기 : 하나님이 기대하시는 나

예)

1. 나 ○○○는 하나님 나라의 건설자이다. 자기 왕국을 세우기 위해 사람을 미워하거나 이용하지 않고 하나님 나라를 건설하기 위하여 하나님 앞에서 늘 희생하는 제물의 삶을 사는 사람이다.
2. 나 ○○○는 지성소를 사는 사람이다. 늘 하나님의 임재 가운데 살며 어떤 어려운 일을 당할 때라도 다윗처럼 "내가 여호와를 항상 내 앞에 모심이여 그가 나의 오른쪽에 계시므로 내가 흔들리지 아니하리로다." 라고 고백한다(시 16 : 8).
3. 나 ○○○는 제사장이다. 상처 있는 사람, 문제 있는 사람을 비난하거나 정죄하지 않고, 대제사장처럼 가슴에 보석으로 품고 들어가 하나님께 중재하는 사람이다.
4. 나 ○○○는 살리는 성령의 사람이다. 매일 사람을 칭찬하며 격려하며 장점을 찾아 그의 영혼을 세워 주는 생명의 부양자로 산다.

5. 나 ○○○는 진리의 사람이다. 말씀을 배우고 익힘으로 그리스도의 장성한 분량이 충만한 데까지 이를 것이다.
6. 나 ○○○는 거룩한 주님의 성도이다. 육신의 욕망이나 충동으로 살지 않고 진리의 말씀과 성령의 인도를 받아 사는 하나님의 기쁨조로 산다.
7. 나 ○○○는 축복의 유통자이다. 나를 통해 많은 축복들이 배고픈 영혼들에게 전달된다.

3. 나의 삶의 경영원칙 – 나의 10계명 만들기

예)

1. 내 삶의 첫자리는 무조건 주님의 것이다(시간, 일주일의 첫날, 십일조, 건강, 자녀).
2. 나는 매일 시간의 10%는 경건의 시간을 위해 사용한다.
3. 나는 매일 성막예배를 드림으로 하나님의 임재 가운데 매일 들어간다 – 주로 잠자기 전
4. 나는 매일 333의 원칙으로 사람을 섬긴다 – 칭찬 공약(하루 3사람 이상을 격려 지지하며, 한 사람을 만나면 3가지 이상 장점을 찾아 칭찬하며, 하루 3회 이상 살리는 능력이신 그리스도를 나눈다 – 전도, 간증, 섬김)
5. 나는 매일 Vision Net – work를 관리하고 리스트를 작성하여 영혼들을 섬긴다.
6. '뱀파이어' 퇴출 – 불만, 원망, 불평하는 사람, 다른 사람에 대해서 자꾸 부정적으로 말하는 사람은 내 곁에서 퇴출시킨다(흡혈귀에게 물려서 흡혈귀의 인생을 살지 않도록 나를 지킨다).
7. 나는 하루 1시간 이상 건강을 위하여 운동을 한다.
8. 나는 최소한 일주일에 1권 이상의 책을 읽는다.
9. 나는 매일 아침 계획표(Planner)를 작성, 점검하고, 일기를 쓰거나 기록을 남긴다.
10. 나는 매일 건강한 감성을 유지하기 위하여 5분 이상 리소스 묵상, 아웃 컴 묵상을 한다 – 주로 아침시간

* 리소스 묵상 – 하나님이 내게 행하셨던 일들 중 힘을 실어 줬던 사건이나 사람을 생각하며 5가지 감사묵상을 한다.
* 아웃 컴 묵상 – 하나님이 앞으로 내게 행하실 약속들을 미리 상상하고, 오감으로 느끼며 찬양한다.

4. 사명 선언문 작성하기

예)

나의 사명은

1. 주님의 몸 된 교회와 목자와 교우들을 섬기고, 말씀을 배우고, 마음에 새기며, 실천하는 주의 종이 될 것이다.
2. 말씀을 자손들에게 가르쳐 천 대까지 축복을 이어 가게 할 것이다.
3. 전 세계의 도움이 필요한 사람들에게 꼭 필요한 것을 도와주어 꿈을 이루도록 도울 것이다.

나는 이 사명을 완수하기 위해

1. 2012년까지 내적 치유, 인지치유, 리더십, 코칭, NLP를 정리하여 감성을 치료하는 전문 치유 사역자가 될 것이다.
2. 2015년까지 20권의 성경을 공부하고 정리하여 말씀 사역자가 될 것이다.
3. 2030년까지 드림 스쿨을 통하여 리더들을 육성하여 '트레버의 3사람 전략'으로 전 세계 천만 명의 사람들이 꿈을 이루도록 도울 것이다. ('트레버의 3사람 전략'이란 "아름다운 세상을 위하여" 영화에 나오는 온 세상을 변화시킬 수 있는 전략을 말한다.)

5. 나의 복음 선포문 만들기

예)

하나님 앞에서

1. 하나님은 나를 사랑하시고 나를 향한 놀라운 계획을 가지고 계신다.

2. 사망이나 생명이나 다른 어떤 피조물이라도 나를 하나님의 사랑에서 끊을 수 없다.
3. 내가 겪는 모든 아픔은 훗날 많은 영혼들을 섬기기 위함이다.

나 자신 앞에서

1. 나는 이제 사단의 참소하는 말을 듣지 않을 것이며, 나의 약점을 이용하는 악한 영의 공격에도 흔들리지 않고 주님만 더욱 바라볼 것이다.
2. 나는 사랑받는 아내이며 남편의 좋은 친구이자 믿음의 동역자이다.
3. 나는 매일 살리는 언어를 사용할 것이며, 나를 만나는 모든 사람들은 힘을 얻고 도전을 받을 것이다.

나의 가정 앞에서

1. 주 1회의 가정예배로 하나님이 내 가정의 주인 되심을 고백한다.
2. 남편과 나의 셀원들은 우리의 섬김과 가르침을 통해 예수님을 더욱 알아가고 영적으로 성장해 갈 것이다.

나의 건강 앞에서

1. 나의 몸은 하나님의 거룩한 성전이다.
2. 건강에 해로운 음식과 습관을 피하고 운동과 호탕한 웃음으로 심신의 건강을 관리할 것이다.
3. 바른 자세로 걷고 앉음으로 다리의 피로와 왼쪽 고관절의 통증은 사라질 것이다.